生态文明教育课程建设探索系列

U0798963

生态小卫士

小学高年级适用

上海教育出版社
SHANGHAI EDUCATIONAL
PUBLISHING HOUSE

图书在版编目（CIP）数据

生态小卫士：小学高年级适用 / 郑思晨主编. —上海：上海教育出版社，2023.5
（生态文明教育课程建设探索系列）
ISBN 978-7-5720-2003-2

Ⅰ. ①生… Ⅱ. ①郑… Ⅲ. ①生态环境 - 环境教育 - 小学 - 教学参考资料 Ⅳ. ①G624.63

中国国家版本馆CIP数据核字(2023)第079435号

策划编辑　张志筠
责任编辑　李宜璇　李秋彦
封面设计　周　吉

生态文明教育课程建设探索系列
生态小卫士（小学高年级适用）
郑思晨　主编

出版发行　上海教育出版社有限公司
官　　网　www.seph.com.cn
地　　址　上海市闵行区号景路159弄C座
邮　　编　201101
印　　刷　苏州工业园区美柯乐制版印务有限责任公司
开　　本　787 × 1092　1/16　印张 6.5
字　　数　130 千字
版　　次　2023年5月第1版
印　　次　2023年5月第1次印刷
书　　号　ISBN 978-7-5720-2003-2/G.1799
定　　价　48.00 元

如发现质量问题，读者可向本社调换　电话：021-64373213

“生态文明教育课程建设探索系列”编委会

主　　编　段玉山

副 主 编　张　旭　缪宏才　汤庆合

编　　委　（按姓氏笔画排序）

毛　岚　仇虹豪　杨　洁　杨宏玲　吴　照

张　勇　陆志波　陈胜庆　陈蓓蓓　郑思晨

赵才欣　胡　静　钮琦璧　施丽君　彭瑞怡

《生态小卫士》编写组

主　　编　郑思晨

编写人员　（按姓氏笔画排序）

尹钰钿　左奕华　叶　潇　李宜璇　杨宏玲

陈　栋　郑思晨　顾沁华

编者的话

亲爱的同学：

成为“生态小卫士”，你准备好了吗？

2015年，190多个国家在《联合国气候变化框架公约》第二十一次缔约方会议上通过了《巴黎协定》。这份协定给出了一个属于全人类共同的目标：将本世纪全球气温升幅限制在2℃以内，同时寻求将气温升幅进一步限制在1.5℃以内的措施。

为了实现这个目标，2020年9月22日，习近平主席在第七十五届联合国大会上向国际社会作出郑重承诺，中国二氧化碳排放力争于2030年前达到峰值，努力争取2060年前实现碳中和。

简单地说，二氧化碳排放达到峰值（简称“碳达峰”），是指一个地区经济社会活动所排放的二氧化碳（以年为单位）达到历史最高值，然后实现由增转降的历史拐点；碳中和，是指一个地区在一定时间内经济社会活动所排放的二氧化碳，通过植树造林、节能减排等形式，实现正负抵消，达到相对“零排放”。碳达峰、碳中和，简称“双碳”。“3060”双碳目标的制定，体现了一个负责任的大国的决心和担当，中国人民将以实际行动努力呵护好人类共同的地球家园。

生态文明是人类文明进程中的一种新形态，它以尊重和维护自然为前提，以人与人、人与自然、人与社会和谐共生为宗旨，以建立可持续的生产方式和消费方式为内涵，以引导人们走上持续、和谐的发展道路为落脚点。

宣传和弘扬生态文明理念是我们“生态小卫士”的集结号，在衣、食、住、行等方面全面践行低碳生活是我们“生态小卫士”对碳达峰、碳中和目标的响应。让我们携起手来，以阳光、快乐、健康、自信的姿态，为全球生态治理和生态文明教育发展续写中国的智慧方案。

生态文明课程的学习是开放式的学习，大部分学习主题都源自现实生活。我们将通过真实情境，将跨学科知识与可持续发展联系在一起，与人类社会面临的生态环境问题联系在一起。如果你在学习过程中，能够运用所学，发现并设法解决身边发生的实际问题，无论大小都值得称赞。期待这样的学习有助于每一位同学增强保护生态的意识和能力，养成低碳生活的习惯，牢固树立社会主义生态文明观。

如果你在学习过程中，对生命意义、生态和谐、人类未来等问题萌发了进一步学习的兴趣，那将是我们编写者最大的慰藉。让我们一起用行动谱写生态文明课程的续章，让这门课程在实践中得到创新性发展和充实。

你忠实的朋友 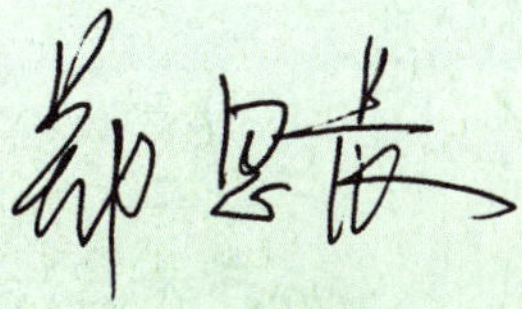

2023 年初夏

目录

生态文明是人类文明发展的历史趋势

第 1 单元

“低碳”的召唤

什么是“低碳”？低碳的“碳”可不是煤炭的“炭”，而是指二氧化碳（CO_2）。人们发现，大气中二氧化碳等温室气体的增加直接导致了全球变暖，这给全人类的生存和发展带来了重大影响。

我国已向全世界作出减少碳排放的承诺，倡导全国人民践行低碳生活。

想一想：全球变暖会给人类带来哪些影响？为什么我国要作出“减碳”的承诺？什么是低碳生活？

注 温室气体，指大气中能够吸收长波辐射的气体，主要有二氧化碳、甲烷、臭氧等。温室气体增多，会促使气候变暖。

一　气候在变暖吗

妈妈说："过去家里没有空调，夏天人们用扇子就能消暑。"

爸爸说："我小时候的冬天比现在冷多了，出门要把自己包裹得严严实实。"

让数据说话

让我们一起利用网络查询近一两百年以来气候变化的资料，从数据和图表中了解气候变化的事实吧。

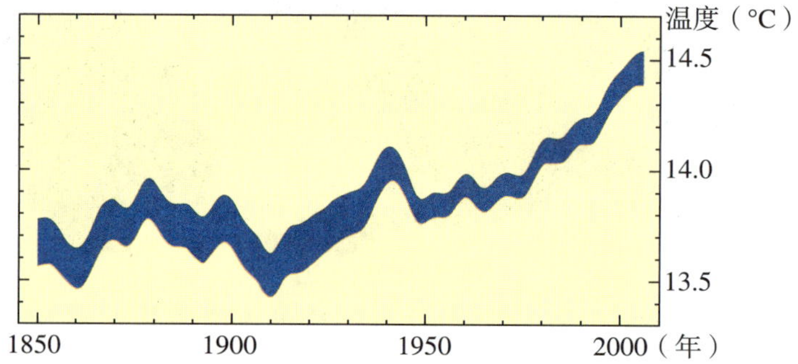

1850—2000 年全球平均地表温度

为什么地球会变暖

地球表面的热量主要来自太阳，而地球的大气层有保温作用。二氧化碳等温室气体就是那种酷爱吸收热量的气体。当人们将太多的二氧化碳排放到大气中，大气就会吸收更多热量，从而使气温升高，全球变暖。

想一想：全球变暖还与其他因素有关吗？

二 无处不在的“碳足迹”

所谓“碳足迹”，指人在日常生活中所造成的碳排放量，或者指一件产品从原料采集、生产、运输、使用，一直到丢弃或者回收的全生命周期中所造成的碳排放量。

小皮鞋的大“足迹”

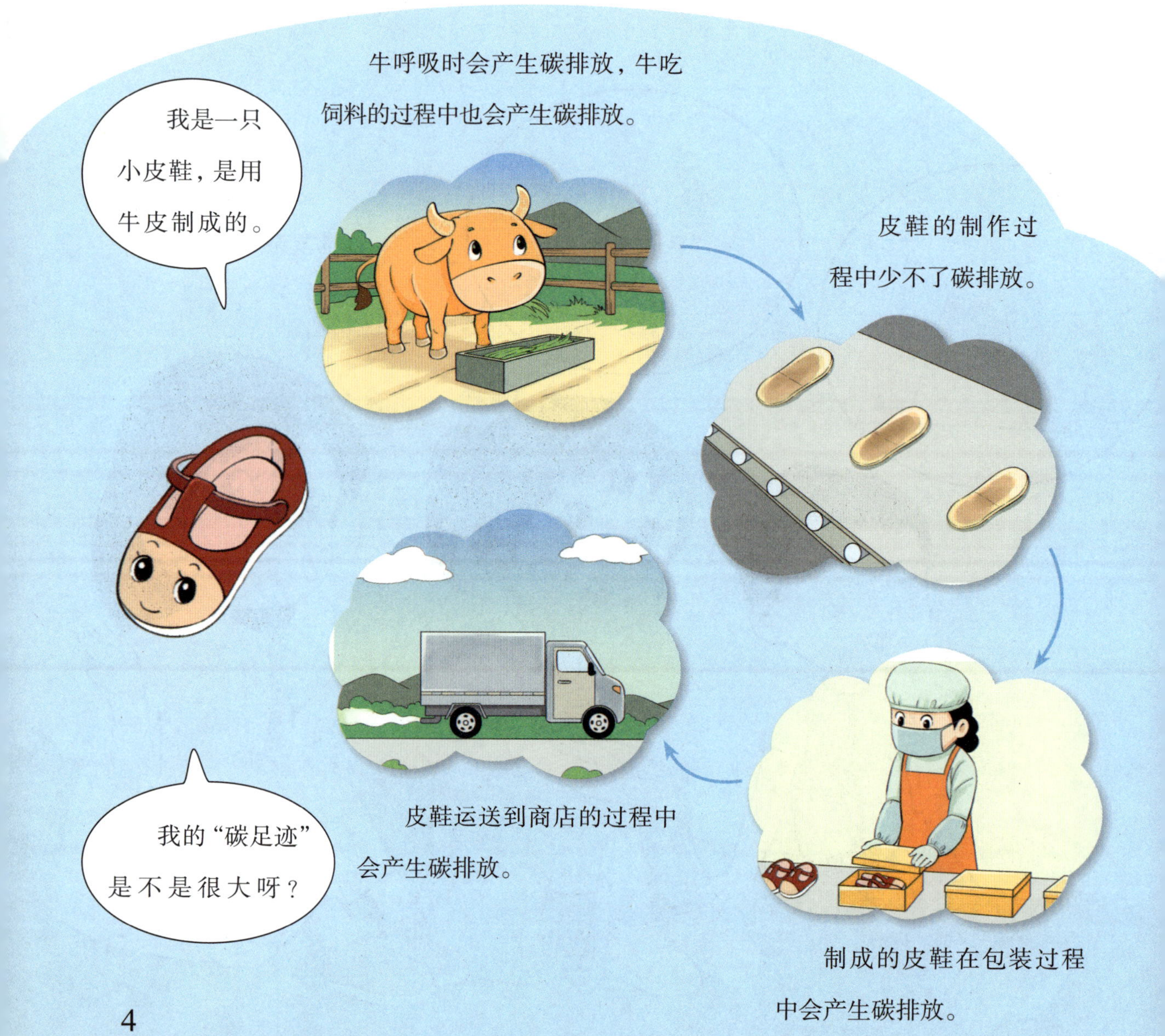

“碳足迹”可以分为第一碳足迹和第二碳足迹。

第一碳足迹

第一碳足迹是因使用石油、煤炭、木材等而直接排放的二氧化碳，如我们乘坐燃油车，汽车排放的尾气中含有大量二氧化碳。

第二碳足迹

第二碳足迹是因使用各种产品而间接排放的二氧化碳，如我们读书，书本的制作和运输过程中都会排放二氧化碳。

野餐垃圾中的“碳足迹”调查

周末，你会和爸爸妈妈去公园野餐吗？野餐后会产生很多垃圾，把垃圾的名称和数量填入下表，寻找一款合适的“碳足迹计算器”逐项计算，最后求出野餐垃圾中的“碳足迹”。

垃圾名称		数量	碳排放量（千克）
各种用品	纸杯、纸盒等纸制品		
	塑料袋		
	一次性筷子		
厨余垃圾	吃剩的沙拉		
	肉骨头		

总结：（一共产生多少“碳足迹”？对低碳生活有什么建议？）

调查人：__________　　日期：__________

在互联网上，我们可以找到“碳足迹计算器”，只要输入相关信息就能计算“碳足迹”。

我们每个人都会在地球上留下“碳足迹”。

三 有担当的承诺

为了应对气候变化，中国郑重地向全世界承诺：二氧化碳排放力争于2030年前达到峰值，努力争取2060年前实现碳中和。2030年的碳达峰，是指我国二氧化碳排放量达到峰值，然后实现由增转降的历史拐点；2060年的碳中和，是指我国通过植树造林、节能减排等形式，实现二氧化碳排放量与吸收量的正负抵消，达到相对“零排放”。

“3060”双碳目标的承诺，体现了一个负责任的大国的担当。

说一说：“3060”双碳目标是什么意思？它有什么重要意义？

全国低碳日的设立

为宣传低碳发展理念和政策，鼓励公众参与，推动落实控制二氧化碳等温室气体的排放任务，自2013年起，我国将全国节能宣传周的第三天设为“全国低碳日”。

低碳生活并不是要回归“原始”，而是倡导人们在日常生活中避免不必要的浪费，尽可能使用清洁能源，减少二氧化碳的排放。

"打卡"低碳馆

在上海浦东，有一座不一样的低碳馆。它的屋顶设有光伏板，能像葵花追踪太阳一样旋转。馆内用电全部来自太阳能，实现了能源"自给自足"。

低碳馆外墙设有雨水收集过滤系统，收集到的雨水过滤后可用于卫生间洗刷和绿植景观浇灌等。

目前，这座低碳馆已成为浦东新区环境教育基地。有机会的话，可以在老师或父母的陪伴下去体验一次噢！

我的低碳倡议书

低碳的生活方式其实蕴藏在每一件日常小事中。对于“减碳”，你有哪些金点子？写一份低碳倡议书吧！

我的低碳倡议书

	自我评价	同伴评价	教师评价
“碳足迹”的计算很细心	☆☆☆☆☆	☆☆☆☆☆	☆☆☆☆☆
低碳倡议提得很具体	☆☆☆☆☆	☆☆☆☆☆	☆☆☆☆☆

注 “野餐垃圾中的‘碳足迹’调查”“我的低碳倡议书”等活动是本单元学习评价的重要依据噢！

第2单元

饮食我做主

日常生活中，人们的各种活动都会产生碳排放，饮食也不例外。从食材的生产、选购、烹饪到就餐，都与碳排放相关联。那么，请你想一想，我们如何在饮食过程中做到低碳呢？

你认为他们说的有道理吗？

一 低碳饮食

“民以食为天。”饮食关系着我们的身体健康，多样化的食物才能保证我们每天摄入全面足够的营养，满足生命活动所需。因此，不偏食、不挑食，均衡营养，健康饮食是我们低碳生活的前提和基础。

健康饮食小当家

来源：中国营养学会官方网站

“米面蔬果肉蛋奶，合理搭配要记牢。按时吃饭好习惯，每顿适量不过饱。”我们可以从了解食物分类开始，学习食物的挑选和搭配，保证营养均衡，尽量避免营养过剩。

算一算：你每天吃的食物种类是否达标，有没有过量的摄入？

注 此图一般适用于 8～11 岁儿童。

日常生活离不开美食。我们在饮食方面如何能做到既健康又低碳呢？简单来说，就是在烹饪时尽量减少煎、炒、炸，而多采用蒸、煮、炖的方式。这样的烹饪方法不仅环保，对身体健康也大有裨益。

我的低碳“拿手菜”

食材：

烹调过程：

（1）

（2）

（3）

自我评价：味道☆☆☆☆☆　品相☆☆☆☆☆

食物与碳排放

从食物生产，到我们进食，方方面面都与碳排放息息相关。

1. 食物在生产过程中

食物的种类不同，生产过程中的碳排放量也不同。生产动物类食品往往比生产植物类食品消耗更多的能量，排放更多的二氧化碳。

少食用肉类食品也能减碳噢！

2. 食物在运输过程中

我们的食物中，很多是从各地运输过来的。运输过程中会排放大量二氧化碳。

多食用本地生产的食材噢！

3. 食品在采购过程中

买回来的食品一般都有外包装。很多食品生产商为了吸引顾客，会追求过度包装。据统计，每使用 1 千克包装纸会排放 3.5 千克二氧化碳。

坚决反对过度包装，尽量减少塑料袋的使用！

多食用当季新鲜食材更健康噢！

4. 食物在储存过程中

冷冻食品通常保存在冷冻柜里，需要耗费大量电能。过多食用冷冻食品，间接消耗能源，也就增加了二氧化碳的排放量。

养成“量入而进”的饮食习惯，尽量不使用一次性餐具。

5. 我们在进食过程中

有资料统计，每浪费 0.5 千克米饭，会增加 1.35 千克二氧化碳排放；每浪费 0.5 千克牛肉，会增加 13.5 千克二氧化碳排放。

另外，每使用 10 双一次性筷子，会排放 0.1 千克二氧化碳。

响应低碳生活号召，从日常饮食做起，养成健康文明用餐习惯。你还有哪些健康低碳饮食的建议？快来和我们一起分享吧！

根据学到的知识，利用双休日，在父母的帮助下，试着为自己的家庭成员配置两天的低碳食谱。

双休日的低碳食谱

	星期六			星期日		
	早餐	午餐	晚餐	早餐	午餐	晚餐
谷薯类						
蔬菜类						
水果类						

学生在菜场调研

二 探秘生态农场

生态农场，是在人们高度关注生态环境保护后出现的一种农业发展新模式。它通过各种维护和修复生态的手段，实现农场的生态平衡。因此，生态农场不仅是从事农业生产的单位，更是保护、净化生态环境的场所。

位于上海市嘉定区的马陆葡萄主题公园就是一家著名的生态农场。每年 7、8 月是葡萄上市的季节，去马陆采摘、品尝葡萄是许多居民休闲旅游的一个选择。

想一想：葡萄主题公园与生态农场有什么关系？

马陆葡萄主题公园通过种植绿肥、果园生草、利用园区内废弃物自制有机肥料等方法，开启了一种绿色可持续发展的生产模式。

种植绿肥

大蒜驱虫

自制有机肥料

黄板诱虫

使用杀虫灯

公园里的葡萄藤下，青草覆盖，蜘蛛、蚯蚓随处可见——这就是“果园生草”场景。这些草是特意种植的，主要有黄花苜蓿（mùxu）和多年生黑麦草等。

通过种草，不仅可以培肥土壤、增加养分，还能改善土壤湿度，具有保湿的效果。

果园生草

鱼菜共生的生态系统

鱼菜共生是一种生态低碳的农业模式。池塘水面上种菜、水面下养鱼。鱼的排泄物和水中的有机质会被水中的细菌转化为无机盐，这对植物来说是天然的养分。蔬菜吸收这些养分，同时净化水质，干净的水又重新成为适合养鱼的水，这样就形成了和谐共生的小生态系统。

快乐的“生态小农夫”

蔬果的生长需要哪些条件？在种植中如何减少碳排放量？不同品种的蔬果生长的要求一样吗？带着这些问题，让我们利用学校、社区的空地打造属于我们的蔬果园吧！

1. 选址打造蔬果园。

2. 开展蔬果种植活动。

3. 建立蔬果园养护档案。

每周一做

记录一周工作的点滴，把蔬果“宝宝”的情况告诉小伙伴们。

周次	工作记录	蔬果情况

4. 开展蔬果种植成果分享活动。

展示收获成果，分享种植心得，交流低碳种植经验。

安全、无污染的绿色食品

生态农场的优质生态环境为生产和开发绿色食品提供了基本条件。那么，什么是绿色食品呢？在我国，绿色食品是产自纯净、良好生态环境的安全、无污染食品。绿色食品有特定的标志，该标志提醒人们要保护环境、防止污染，通过改善人与环境的关系，创造自然界新的和谐。

绿色食品标志

标志的图形描绘了一幅在明媚阳光照耀下，充满和谐生机的画面。正圆的形状，意为保护、安全。

购物小达人

这个双休日，小杰邀请同学来家里做客。为了招待客人，小杰和妈妈一起去超市买了一些食品。

超市里，商品琳琅满目。小杰记得在生态文明课程上学过的内容，就在货架上挑选了带有绿色食品标志的食物。请你看一看：他们买的食品中，哪些是绿色食品？说一说为什么要选购绿色食品。

三 我是“光盘”王

唐代诗人李绅写的《悯农》是我们非常熟悉的一首古诗，你读后有什么感想？

古人饮食有节制

中华民族有节约粮食的优良传统。北宋时期的文学家苏东坡，曾宣称“盖聚物之夭美，以养吾之老饕”，意思是天下这些精美的食物，都是我这个老食客所喜欢的。但是，其实他在饮食上是十分节俭的。他在《节饮食说》中给自己定下规矩：“东坡居士自今日以往，早晚饮食，不过一爵一肉。有尊客盛馔，则三之，可损不可增。有召我者，预以此告之，主人不从而过是，乃止。”其大意是，苏轼平时吃饭，不过一荤一酒；自己请客或别人请吃饭，不能超过三个荤菜，否则就不赴宴。

2020年8月，习近平主席作出重要指示，再一次强调要坚决制止餐饮浪费行为，切实培养节约习惯，在全社会营造浪费可耻、节约为荣的氛围。2021年4月29日，十三届全国人大常委会第二十八次会议表决通过了《中华人民共和国反食品浪费法》。

节约粮食，人人有责

让我们算一算

联合国粮农组织发布的《食物浪费足迹：对自然资源的影响》报告指出，全球每年浪费的粮食总量高达13亿吨，而生产这些粮食会排放33亿吨二氧化碳等温室气体。

一个班级以前每天午餐浪费的粮食大约是500克。践行“光盘”行动后，他们杜绝了浪费粮食的行为。请你根据联合国粮农组织提供的数据，计算一下，这个班级每年大约可减少排放多少二氧化碳等温室气体。

“光盘”行动宣言

为了杜绝“舌尖上的浪费”，推动餐饮行业厉行勤俭节约，引导全社会珍惜粮食、低碳生活，全国各地大力推行“光盘”行动。

“让‘光盘’成为习惯，让‘节约’成为自然！‘光盘’行动，从我做起！”是我们的行动宣言。建议围绕该宣言，绘制一张专题小报。

学生设计的专题小报

四 化厨余为宝

我们每日三餐后都会产生一些厨余垃圾，那么厨余垃圾最终去哪了呢？根据《上海市垃圾分类管理条例》规定，大部分厨余垃圾属于湿垃圾，但有一些不易粉碎的厨余垃圾，如动物的大骨头等，归入干垃圾。

科技，让湿垃圾“华丽转身”

湿垃圾很容易腐坏，产生恶臭。经过妥善处理和加工，如通过集中堆肥、厌氧发酵产沼气、生物处理等方式可以使其重新变成资源。

预处理系统

厨余垃圾

高温堆肥

肥料

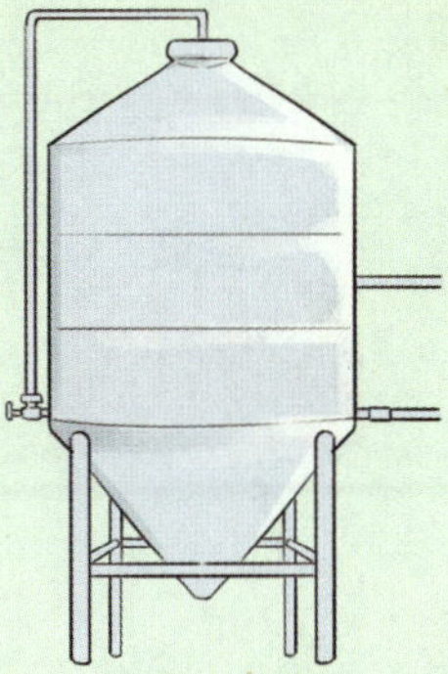
发酵

沼气发电

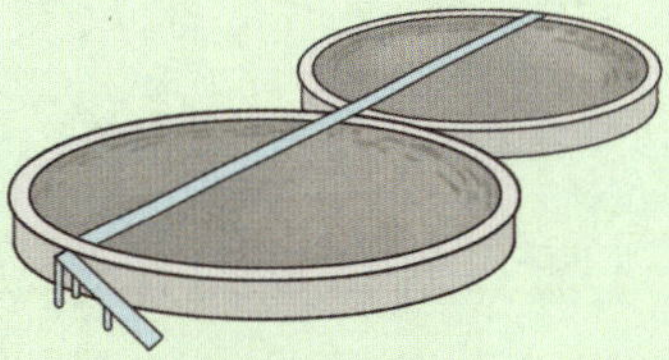
污水处理

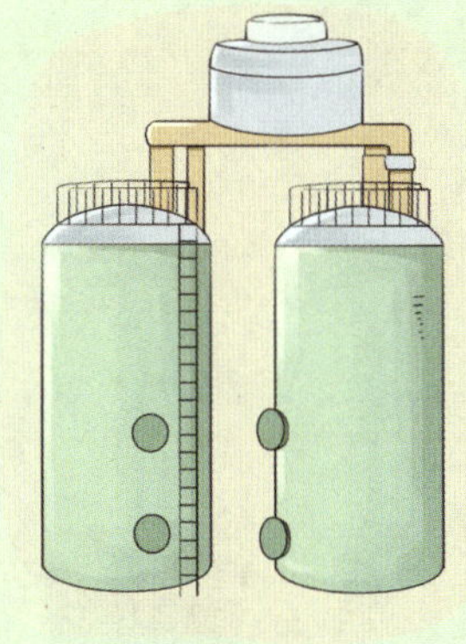
油水分离

油脂

变废为宝做手工皂

厨余垃圾中的废油脂能不能变废为宝呢？让我们一起动手，用废油脂制作一块手工皂吧。

实验材料

废油脂、碱溶液、香精、模具（可以用牛奶盒替代）和搅拌工具。

实验过程

（1）将废油脂加热至45℃左右。

（2）将碱溶液倒入废油脂，搅拌均匀后加入适量香精。

（3）将制好的肥皂液注入模具，盖上保鲜膜，放置两三天即可。

（提示：全程戴护目镜、口罩和手套，注意安全。）

自制有机堆肥

在我国，堆肥历史悠久。“来自大地的有机物全部复归大地”，是一种符合大自然规律的物质循环状态。用厨余垃圾，如菜叶、果皮等自制有机堆肥，是一项有趣的尝试，大家想不想试一试呀？就让我们开始动手制作吧！

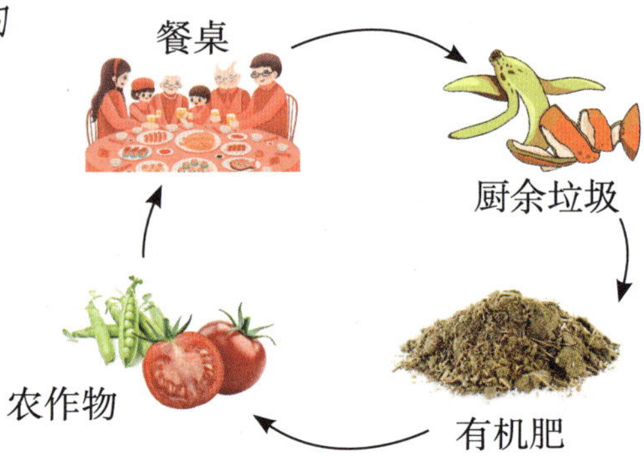

制作过程中要全程戴好口罩和手套，制作结束后及时洗手。

1. 准备材料。

厨余垃圾

堆肥桶

菌糠

2. 按照流程制作有机肥。

① 沥干、切小、剪碎厨余垃圾。

② 将处理好的厨余垃圾分几次倒入堆肥桶，每倒一次，撒一层菌糠。

③ 保持堆肥桶密闭；让堆肥桶内厨余垃圾发酵一段时间。

④ 发酵过程中，及时接取液肥。

⑤ 发酵完成，收集有机肥。

3. 堆肥完全分解入土后就可以种上植物。

堆肥观察记录表

堆肥地点：		堆肥日期：		记录人：
日期	天气	观察情况	采取措施	备注

著名的生物学家达尔文说过：“有蚯蚓的地方才有沃土。”蚯蚓不仅可以“消耗”厨余垃圾，其排泄物还可以作为营养补给花草树木和蔬菜。同时，蚯蚓的取食、消化、排泄等活动，能加速土壤中有机物质的降解，促进土壤物质循环与能量流动，在平衡和稳定土壤生态系统方面发挥重要作用。

有条件的学校，建议制作一个蚯蚓塔，为蚯蚓创设一个宜居的生存环境。

制作蚯蚓塔

蚯蚓塔是利用蚯蚓以腐败有机物为食的特性而设立的环保装置。让蚯蚓“消耗”掉菜叶、瓜果皮、鸡蛋壳等厨余垃圾中的有机物，垃圾降解之后产生的有机肥，可以直接作为周边植物的养分。

	自我评价	同伴评价	教师评价
选择合适材料，规范安全操作	☆☆☆☆☆	☆☆☆☆☆	☆☆☆☆☆
认真观察，做好观察记录	☆☆☆☆☆	☆☆☆☆☆	☆☆☆☆☆
听取别人合理的意见并加以改进	☆☆☆☆☆	☆☆☆☆☆	☆☆☆☆☆

注 “快乐的‘生态小农夫’”“‘光盘’行动宣言”“自制有机堆肥”等活动，是本单元学习评价的重要依据噢！

第 3 单元

时尚低碳装

不同的着装蕴含不同的生活态度。在生态环保理念深入人心的当下，人们在选购服装时不仅关注衣物的健康舒适度，还会考虑衣物是否低碳环保。

做一个细心的观察员，以拍照或绘图的形式记录身边与低碳着装相关的画面，并与同学交流分享。

一　衣物背后的碳排放

人们在逛街的时候如果看到喜欢的衣物，往往会产生购买的冲动，即使在不缺衣物的情况下也是如此。其实，按需购置衣物、不过度消费也可以为节能减排作贡献。

这样的场景你是否很熟悉？说说你们家购买衣物的故事。

衣柜小调查

衣物不仅要美观，更要具有保暖、散热等实用功能。每天出门之前，人们都会根据当日气温、天气状况等来决定如何穿搭。对于自己衣柜里的衣物，你是否心中有数呢？让我们来进行一次衣柜小调查吧！

请根据实际情况填写下表：

调查内容		件数
面料	棉麻	
	化纤	
	其他	
印花图案	有印花图案	
	无印花图案	
颜色深浅	深色	
	浅色	
总件数		

想一想：衣柜中有多少件衣物是闲置已久的？是否可以充分利用起来呢？

一件衣物在生产、洗涤、烘干等过程中均会产生碳排放。此外，服装的面料、印花图案、颜色深浅等因素也会影响碳排放量。

有资料统计：生产一件衣物的二氧化碳排放量约为 6.1 千克。

用洗衣机洗一次衣服的二氧化碳排放量为 0.2 ~ 0.3 千克。

烘干一件衣服比自然晾干多排放约 2.3 千克二氧化碳。

破译衣物低碳的“密码”

以小组为单位，广泛查阅资料并展开讨论，一起探究衣物中的低碳“密码”。

1. 什么面料的服装更低碳环保？

竹纤维和亚麻面料比棉布更省水。

2. 服装设计环节可以减少碳排放吗？

简约大方的样式比繁杂的设计更少产生碳排放。

3. 服装颜色与印花图案是否藏有低碳“密码”？

如果材质相同，纯色无印花图案的衣服相对更低碳。

4. 晾干与烘干，怎样更节能环保？

自然晾干更节能，而且还有好闻的味道。

二 生态“时装”

猜一猜：北京冬奥会工作人员的制服是用什么面料制成的？

2022年北京冬奥会和冬残奥会的制服装备将功能性、民族性和艺术性完美结合，可以实现温度变化和场景转换下的自由穿搭。更令人赞叹的是，这些制服装备在设计、生产、发放等环节都践行了绿色环保和可持续理念。装备收纳包所使用的纱线，是回收利用废旧塑料制品生产出的环保纱线。这让世界再次领略到了中国制造的魅力。

在低碳生态环保的大背景下，“原生态”逐渐成为时尚的代名词。生态“时装”应运而生，它选用棉、麻、毛、丝绸等天然织物，可自然降解，属于生态友好型服装。

手工布鞋的故事

你见过手工布鞋吗？这种布鞋一般使用传统工艺，手工纳制千层底，手工绱（shàng）鞋。布鞋大多以纯天然材料或旧衣物为原料，就连粘鞋底的糨糊都是用面粉调制而成的，所以称得上是低碳环保产品。

可以询问家中长辈，了解手工布鞋制作的“老手艺”，再讲给同学们听。

独树一帜的“捶草拓印”

植物印染是我国历史悠久的传统手艺。它利用植物的根、茎、叶等提取色素，再将其染到织物上。“捶草拓印”属于植物印染的一种，将花草放在布匹上，轻轻地捶打，让植物的天然颜色渗透进布中，便可得到独一无二的花布。

印染小花布

在教师或者家人的指导下，进行一次植物印染小尝试，看看谁的作品更有创意。同样的工艺也可以使用花瓣进行印染。每一次捶打，都是一场与大自然的共同创作，快来参与吧。

植物印染成果展示窗

（照片粘贴处）

废塑料瓶也能“变身”服装

近年来，利用废旧物品制成的环保“时装”热度不减。以废塑料瓶为原料制成的服装很松软、舒适，透气性好。

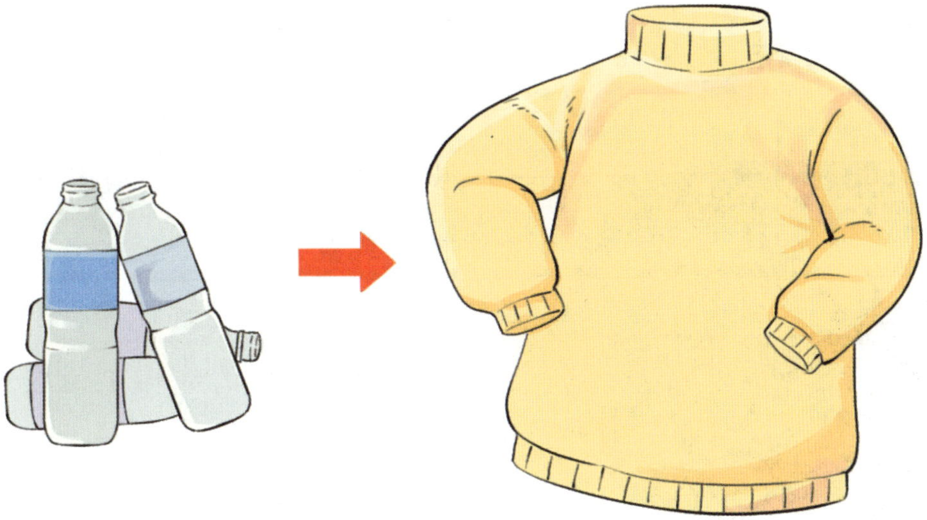

如果有兴趣，我们可以利用旧塑料袋、废纸制成不一样的环保服装噢！

三 关注"衣年轮"

大树有年轮，每件衣服从原材料生产到废弃处置也有自己的年轮。"衣年轮"增长的每一个环节，都与碳排放密切相关。

从棉花到成衣

从棉花采摘到成衣，直至废旧后的垃圾掩埋或焚烧环节，总共会排放多少二氧化碳呢？有人经过计算得出的结论是：一件 250 克重的纯棉 T 恤在这整个过程中大约排放了 7 千克二氧化碳，是其自身重量的 28 倍。

一条涤纶裤的碳排放

有人做过一个统计，一条约 400 克重的涤纶裤，其原料在我国生产，然后在印度尼西亚制作成衣，最后被运往英国销售。假设其使用寿命为两年，其间使用 50℃温水在洗衣机内洗涤 92 次并用烘干机烘干，再平均每次花两分钟熨烫。这样算下来，它在整个过程中大约排放了 47 千克二氧化碳，约为其自身重量的 117 倍。

衣物的“碳足迹”调查

有兴趣的同学也可以调查其他材质的衣服在生命周期中的碳排放量，并把它们记录下来。

通过查阅资料，我发现：一件________克重的______________，在其生命周期中的二氧化碳排放总量约为________________。

资料来源：____

“暖心衣橱”的暖心行动

仔细观察，在我们社区的某个角落，也许就有回收闲置衣物的“暖心衣橱”。居民们可以把家里闲置的衣物送到“暖心衣橱”，使其变废为宝，物尽其用。志愿者将“暖心衣橱”的衣物逐件分拣，分类处置，不仅解决了大量废旧衣物随意丢弃引发的环境问题，同时也赋予这些衣物更多“衣年轮”。

你所在的社区设立“暖心衣橱”了吗？让我们和家人一起参加暖心行动吧！

旧校服的“跳蚤市场”

让我们为增加旧校服的“衣年轮”作一点贡献吧。

（1）班级调查：________% 的同学丢弃旧校服是因为穿不下，还有________% 的同学因为校服破损而选择丢弃。

（2）整理出自己的旧校服（大小不合适的、破损的皆可，可以在家人的指导下进行适当改造），分类标价（建议使用自己设计的旧衣币）。

（3）以小组为单位，确定店铺名称，设立营业员 2 名、收银员 1 名、后勤机动人员 1 名。

（4）班级评选“人气店铺”和“最具创意奖”。

旧衣物翻新变抱枕

旧衣物还可以改制成美观又实用的手工制品。让我们一起来“解放”那些压箱底的旧衣物，赋予它们新的生命。

材料准备

旧衣物、剪刀、针线、棉花等。

制作步骤

（1）在纸上画出想要制作的抱枕形状。

（2）根据画好的抱枕形状，用剪刀裁剪旧衣物，衣物前后两块布料都要。

（3）用针线将前后两块布料缝制在一起，制成抱枕套。注意：不要全部缝上，要留出小口塞抱枕芯。

（4）将准备好的棉花装入抱枕套，最后缝合小口。

> 温馨提示：
>
> 1. 需在家人指导下进行。
>
> 2. 使用剪刀、针线时请注意安全。

我们的设计

（设计方案粘贴处）

设计团队：　　　　日期：

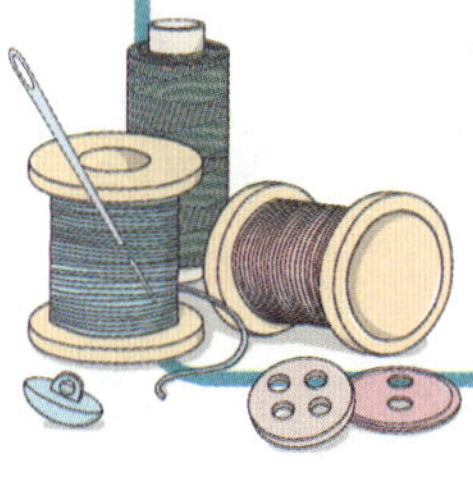

四 低碳着装更健康

低碳着装更关注人体安全和健康。伴随着对生态环保的追求，人们对衣着用料越来越讲究回归自然，绿色服装和生态服装逐步受到更多人的青睐。

这样的服装更安全

“绿色服装”和“生态服装”可以保护人类身体健康，具有无毒、安全的优点。通常这类服装都具有环保生态标志。

有环保生态标志的衣服穿着更安全。

健康穿衣有妙招

1. 新买的衣物要过水。

说说为什么新买的衣物要过水才能穿。

2. 不同衣物分开洗。

贴身衣物用手洗，节能更安全。

3. 杜绝洗衣机二次污染。

说说为什么要定期清洁洗衣机。

4. 浓缩洗涤剂更环保。

洗衣粉和洗衣液，你如何选择？

低碳穿衣童谣

减少不必要的购买，
选择环保安全面料。
穿衣切记松紧适宜，
洗涤莫忘节能减排。
旧衣翻新尽显智慧，
回收利用奉献爱心。

		自我评价	同伴评价	教师评价
艺术	设计具有艺术性	☆☆☆☆☆	☆☆☆☆☆	☆☆☆☆☆
	心灵手巧，做工细致	☆☆☆☆☆	☆☆☆☆☆	☆☆☆☆☆
	具有艺术审美能力	☆☆☆☆☆	☆☆☆☆☆	☆☆☆☆☆
环保	废弃材料选材合理	☆☆☆☆☆	☆☆☆☆☆	☆☆☆☆☆
	废弃材料充分利用	☆☆☆☆☆	☆☆☆☆☆	☆☆☆☆☆
	作品制作过程节能低碳	☆☆☆☆☆	☆☆☆☆☆	☆☆☆☆☆
创意	具有独特的想法和创意	☆☆☆☆☆	☆☆☆☆☆	☆☆☆☆☆
	能实现自己的设计想法	☆☆☆☆☆	☆☆☆☆☆	☆☆☆☆☆
合作	明确表达小组设计理念	☆☆☆☆☆	☆☆☆☆☆	☆☆☆☆☆
	大胆质疑，良好合作	☆☆☆☆☆	☆☆☆☆☆	☆☆☆☆☆
	每位成员积极参与协作	☆☆☆☆☆	☆☆☆☆☆	☆☆☆☆☆

注 “印染小花布”“旧校服的‘跳蚤市场’”“旧衣物翻新变抱枕”等活动，是本单元学习评价的重要依据噢！

第 4 单元

生态居住

什么样的住宅更宜居？从远古先民开始，人类一直在寻找适宜的住所。随着人类文明的发展，在现代社会，人们把低碳理念引入了居住空间的设计和建设。

位于上海市奉贤区的“上海之鱼”，凸显了居住与生态相和谐的设计思想，被评为三星级“上海市绿色生态城区（试点）”，从而成为低碳宜居时尚城。你想不想去实地探索一下呢？

请你利用网络，查一查“上海之鱼”的设计融合了哪些低碳环保元素，为什么说这样的设计体现了人与自然和谐共生的生态文明理念？

一 古人的居住观

浙江河姆渡遗址的干栏式建筑

比较这两张图片里的建筑，它们有什么不一样？为什么会产生这种差异？

陕西半坡遗址的半地穴式建筑

我国古代先民已经学会因地制宜，建造与自然环境相适应的住宅。《旧唐书》中有记载：“土气多瘴疠（zhànglì），山有毒草及沙虱（shī）蝮蛇。人并楼居，登梯而上，号为‘干栏’。”“干栏式建筑”可以防潮防虫，“半地穴式建筑”可以在冬天有效利用地面的温度保暖。

想一想：我国古代住宅为什么大多采用“坐北朝南”的朝向？

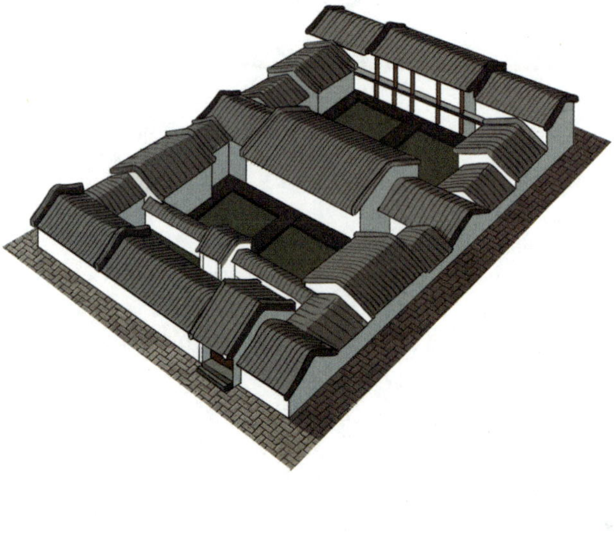

除了顺应自然环境、因地制宜，古人还运用智慧，通过技术手段，发明了许多“低碳环保产品”。你听说过“不是一盏省油的灯”的说法吗？其实在唐代，人们真的发明了“省油的灯”。

四川邛崃（Qiónglái）出土的省油瓷灯

南宋大诗人陆游曾说：“书灯勿用铜盏，唯瓷盏最省油。蜀有夹瓷盏，注水于盏唇窍中，可省油之半。”他指的就是这种灯。

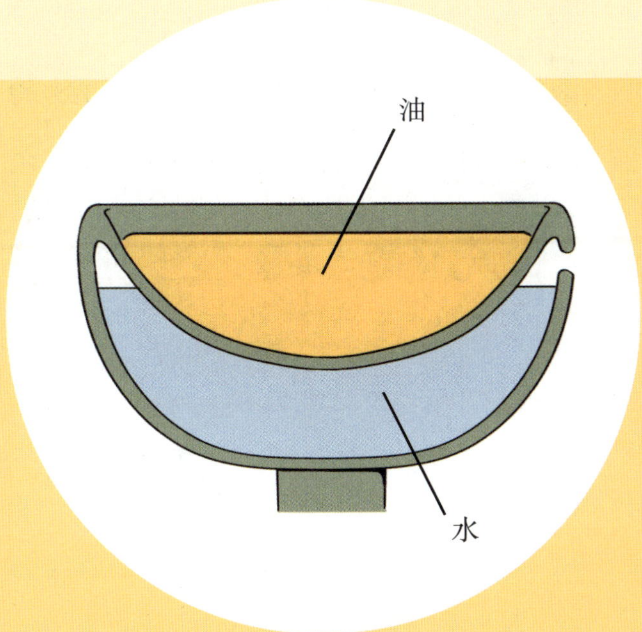

说一说：“省油的灯”是如何省油的？

诗词中的古代人居环境

在我国古代文人墨客留下的诗词中，有不少描述古代人居环境的佳句。例如，北宋文学家王安石在《书湖阴先生①壁（其一）》一诗中写道：

茅檐长扫净无苔，花木成畦②手自栽。
一水③护田将绿绕，两山④排闼⑤送青来。

注释：

① 湖阴先生：本名杨德逢，隐居之士，是王安石晚年居住在江宁（今江苏南京）时的邻居。

② 畦（qí）：有一定界限的长条田块。

③ 水：指玄武湖。

④ 两山：指钟山、覆舟山。

⑤ 排闼（tà）：推门。闼，小门。

这首诗写得非常有画面感，表现了古代文人对居住环境细致的观察和传神的描述。请你根据王安石的描述，把湖阴先生的隐居之地画在下面的方框里：

古诗词擂台赛

你还知道其他描写人居环境的古诗词吗？请准备资料，在班级里举行一场古诗词擂台赛。要求上台参赛的选手朗诵自己准备的古诗词，并向同学们描绘诗词中所蕴含的意境。

最后，请大家一起讨论：中国古代先民追求的人居环境是____。

二 绿色建筑的崛起

位于北京奥林匹克公园内的国家游泳中心，又称“水立方”。它造型别致，受到国内外人们的推崇和喜爱，是举世公认的绿色建筑。你知道它有哪些特点吗？

“水立方”的自述

我的衣服漂亮吗？这可是我引以为傲的膜结构外衣，它可以让更多阳光透进泳池，帮助控制泳池恒温，节约了不少电呢！

我有一顶神奇的帽子，这就是我的雨水收集系统，全年能够收集雨水一万吨，相当于北京100个家庭一年的用水量呢！

我的建筑面积很大，但我很轻，也很稳定。这得益于“肥皂泡”的设计，使得需要的钢材数量大为减少，但稳定性非常好。

城市绿色建筑与设施剪影

上海大型购物中心“天安千树广场”共有400多个开放露天平台，种植了1000多棵绿植，呈现了千树竞发、山水如画的景观。

福建厦门有一条名传遐迩的空中自行车道。它全长约7.6千米，为自行车“专属车道”，不允许机动车、电动车和行人入内，为低碳出行提供了便利。

位于上海莘庄的一栋生态办公楼是我国首个绿色建筑“三星级”标识项目。该建筑无须采用传统的采暖和空调设备，通过夏季遮阳、冬季日晒、自然采光等形式，就能营造舒适的室内环境。

绿色建筑不是简单的建筑绿化，而是指在其寿命周期内，能够节约资源、保护环境、减少污染，最大限度实现人与自然和谐共生的高质量建筑。

连一连

以下这些巧妙的设计都体现了绿色建筑理念，请你将它们与所体现的理念连起来。

太阳能光伏发电

观景小阳台

原木家具

节约能源　　节约资源　　回归自然

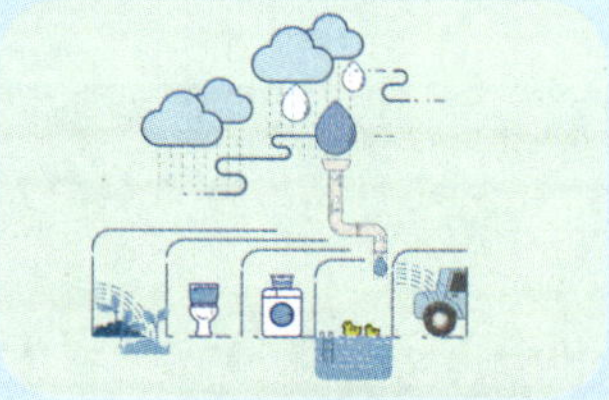

雨水收集系统

可拆除的钢模板

保温层

装配式建筑

随着现代工业技术的发展，建造房屋也可以像机器生产那样，批量化制造。只要把预制好的房屋构件，运到工地装配起来就行了。

装配式建筑的全寿命周期都很“绿”。除了采用节能环保的建筑材料之外，由于建筑部件都在车间中统一预制，生产过程中的废气、废水和固体废物也可以得到更加严格的控制和管理。

为绿色建筑制名片

优秀的绿色建筑就像城市的名片。请你在外出游览或逛街的时候，做个有心人，把看到的绿色建筑拍摄下来，并为它制作一张绿色名片。

建筑名称：

地理位置：

绿色亮点：

（绿色建筑照片粘贴处）

创意鸟巢的“绿色”制作

自然界的动物们也在呼唤绿色家园，请你为校园或小区的鸟儿制作一个有创意的鸟巢吧！关键是要凸显“绿色”理念噢！

1. 制作材料

落叶、木材、纸板、树干、树枝、藤条、瓶塞、空南瓜、葫芦、塑料瓶、果汁盒、牛奶盒等。

2. 制作锦囊

选定鸟巢的“主人”，了解它的习性，尤其是它对鸟巢空间、温度和居住高度的需求。

3. 安全防范

（1）请在成人的监护和帮助下，使用刀具或电动工具。

（2）戴上手套、口罩和护目镜。

（3）使用完毕后，将刀口或锯齿朝下放置。

（4）使用完电动工具后，第一时间将插头拔掉。

三 低碳居家秘笈

低碳居家的首要任务，就是把生活中的碳排放降下来。冬夏两季，空调是碳排放的主力军。空调温度与室温相差越大，碳排放就越多。专业人士建议，冬季空调温度以20℃为宜，夏季温度最好调在26℃以上，这样既环保又健康。

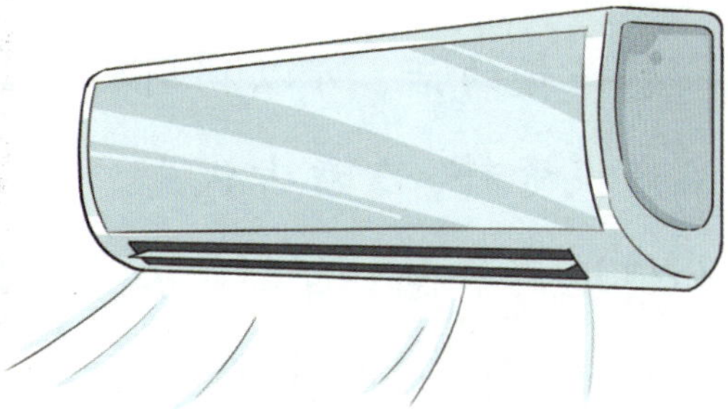

探究空调温度与碳排放之间的关系

夏季，调高空调温度真的能省电吗？又能减少多少碳排放？有科学家使用某办公楼中央空调做了实验，并得到以下数据：

实验时间	设置温度	耗电量(度)
24小时	26℃	657.12
24小时	27℃	518.28

节约1度电，可减少0.8～1千克碳排放。请你算一算：把中央空调从26℃调到27℃，一天能减少多少碳排放？

想一想：还有哪些方法能够有效减少空调的碳排放？

古代的“冰箱”和“空调”

炎炎烈日，古人如何度过夏天？

感兴趣的话，可以利用网络查找资料，看看古代先民如何运用智慧，自制“冰箱”和“空调”来防暑降温，要与小伙伴分享噢！

2000多年前的青铜冰鉴，被誉为世界上最早的“冰箱”。你知道它是如何发挥制冷作用的吗？

关注家电的能效标识

妈妈觉得家里的冰箱太小了，想换一个大冰箱。奶奶说：“大冰箱太费电了，家里的冰箱又没有坏，不要换了。”两人意见不统一。小宇学习了生态文明课程后，懂得了冰箱的用电量不仅与体积有关，还与它的电功率和使用方法有关，购买家电应该查看其能效标识。他把学到的知识分享给奶奶和妈妈后，三人一起为家里选购了一台可以满足家用的节能冰箱，乐得奶奶一个劲地夸奖他：“小宇真懂事！”

“中国能效标识”分为3个或5个等级。数字越小，表明等级越高，产品越节电。不符合能效要求的产品，不允许生产和销售。

家电的能效标识

家电的能效标识，是附在家用电器上表示产品能源效率、等级和性能指标的一种信息标签，目的是为用户和消费者的购买决策提供必要的信息，引导和帮助消费者选择高能效的节能产品。

另外，家用电器的使用是有窍门的。例如，不要将冰箱与电视、微波炉、烤箱等放在一起，因为这些电器产生的热量会增加冰箱的耗电量。你还知道其他小诀窍吗？

绿植与减碳

除了选用高能效的电器和节能的环保产品，“碳补偿”也是我们在居家时，可以减少二氧化碳的方法。

什么是“碳补偿”？

意思是可以主动地吸收二氧化碳，来抵消产生的二氧化碳。

比如种植绿色植物吗？我知道，植物的叶片能够吸收二氧化碳，产生氧气。

没错！日常居家中，我们可以种植绿萝、棕竹、吊兰、万年青、龟背竹等绿色植物，为保护地球家园贡献一份力量。

瞧，我家的“碳补偿”

请给喜爱的绿植拍个照，粘贴在框中，看看哪种植物对“碳补偿”贡献最大。

（照片粘贴处）

减少塑料制品

减少塑料制品的使用，也是我们在居家生活中可以采取的减碳小妙招。比如出门购物时，可以自带环保袋；购买饮品时，可以使用自带杯；等等。

2019年，某矿泉水品牌首次推出了百分之百用回收塑料制成的瓶子，但成本比传统包装略高一点，因此，售价也比原来高。

如果在你面前放着两瓶水，一瓶用普通塑料瓶装着，另一瓶用再生塑料瓶装着，你会买哪一瓶？

四 宜居星球之旅

自古以来，人类就对浩瀚宇宙充满好奇和向往。2021 年 5 月 15 日，天问一号探测器成功着陆火星，它携带的“祝融号”火星车开启了一段全新的探索旅程。也许在不远的未来，火星的秘密将被进一步破译，人类可以在火星上安置新的绿色家园。

让我们一起来畅想一下未来的火星生活吧！

第一份火星城市规划

2021 年，一份名为“火星城市规划”的设计方案，为我们勾画出未来火星城市的图景。方案中的首都是一座名为“女娲”的垂直城市，所有建筑都建在崖壁上，看起来像一个个洞穴。

你觉得这个方案有可能实现吗？让我们展开想象，开动脑筋，在火星上设计一座宜居的城市吧！这是一次想象中的“宜居星球之旅”，期待大家运用人类最先进的生态文明理念进行设计。

1. 人类生存离不开氧气，如何给火星装上能释放氧气的智能开关？

A. 植树造林，营建绿色生态　B. 因地制宜，制造“火星新氧”

你的想法：

2. 水是生命之源，怎样让“火星运河”绿水长流？

A. 就地取材，发掘火星的泉眼　B. 回收废水，建立火星水循环

你的想法：

3. 用什么样的能源可以“点亮”火星，使火星充满活力？

A. 风能　　B. 太阳能　　C. 水能　　D. 核能　　E. 其他

你的想法：

4. 到火星上生活，建造什么样的住宅更宜居？

A. 洞穴式建筑　B. 装配式建筑　C. 干栏式建筑　D. 宇航飞船

你的想法：

5. 一旦火星上产生大量生活垃圾该如何处理？

A. 粉碎后扬弃　B. 挖洞深埋　C. 运回地球　D. 二次循环利用

你的想法：

	自我评价	同伴评价	教师评价
能积极分享自己的看法和意见	☆☆☆☆☆	☆☆☆☆☆	☆☆☆☆☆
能体现生态文明的先进理念	☆☆☆☆☆	☆☆☆☆☆	☆☆☆☆☆
能有效运用逻辑思考及推理	☆☆☆☆☆	☆☆☆☆☆	☆☆☆☆☆
能提出有创意有远见的观点	☆☆☆☆☆	☆☆☆☆☆	☆☆☆☆☆

“注” 在火星生活是人类的美好夙愿，“宜居星球之旅”只是一种“发散性思维”的趣味演练。期待同学们尽情想象，说出自己的见解和创意。这将成为本单元学习评价的一个重要依据噢！

第5单元

从减碳出发

外出旅行，不仅要有对目的地的向往，更需要给力的交通工具和通畅的道路，这才是一路前行的保障。

但是，我国一些著名的风景区，如位于四川省的九寨沟自然保护区，却给出了明文规定：未经许可，严禁车辆在景区限行时段和限行区域行驶、停靠。请你想一想：这是为什么？

游客可以选择乘坐什么样的交通工具进入风景区游览？

一 不一样的“足迹”

低碳出行，是低碳生活的重要组成部分。这种出行方式对生态环境的影响较小，既节约能源、减少污染，又有益于人体健康。那么，怎样的出行方式才算低碳出行呢？

说说出行方式的选择会受到哪些因素的影响。

出行方式小调查

让我们根据同学们上学距离的远近、选择的交通工具以及需要花费的时间等因素综合考虑，看看大家选择的出行方式是否符合低碳出行的要求，还有没有进一步减碳的可能？已经达到低碳出行要求的“点亮”3 颗星，需要改进的根据改进力度“点亮”1～2 颗星。

姓名	出行方式	原因	减碳指数
			☆☆☆
			☆☆☆
			☆☆☆
			☆☆☆

不同的交通工具所产生的碳排放量是不一样的，留下来的“碳足迹”也不同。短距离的出行，首选步行或骑自行车；出行距离远时，可选择搭乘公交车或地铁，当然也可以根据自家实际情况选乘私家车或出租车，关键是要尽量缩小出行的“碳足迹”，低碳出行。

“拼车”的故事

晨晨搬新家以后，上学比较远，每天都需要爸爸开车接送，不太方便。这一天放学后，天色已暗，爸爸的车还没来。忽然，一辆小车在她面前停下，车里坐着的同学伸出头说：“晨晨，上来吧！我们两家住得挺近的，一起回家。”原来，车上的同学是晨晨同小区的邻居。晨晨给爸爸发了个消息，就高高兴兴地搭车回家了。这以后，他们俩经常互相搭车，为双方父母解决了一些接送孩子的困难。

你赞成“拼车”这一出行方式吗？让我们分别扮演不同角色，来一段“拼车”的即兴表演吧！

你“拼”过车吗？让我们从缩小“碳足迹”的角度一起分析讨论“拼车”的利弊。

城市交通拥堵，造成极大的能源浪费，是世界各地普遍面临的一大难题，也是导致出行“碳足迹”增大的一个重要方面。让我们开动脑筋，探究分析城市交通拥堵的主要原因，一起设计一份“解决交通拥堵的创意方案”。

解决交通拥堵的创意方案

交通拥堵的危害	司机的感受：
	乘客的感受：
	碳排放：增加（　　　）　减少（　　　）
	碳足迹：大（　　　）　小（　　　）
绿色创意	（1）
	（2）
	（3）
绿色交通畅想画	（作品粘贴处）

二 “无痕”的旅游

绿色低碳的自行车运动，已经成为引领生态旅游的“名片”。骑行不仅是一种低碳环保的出行方式，而且能强身健体、欣赏沿途美丽的风景。目前，很多地方都推出了骑行精品线路，引发了一场生态、低碳的“骑行热”。

在正在建设中的世界级生态岛崇明，经常可见背着专业行囊的骑游爱好者。每年，崇明都会举办环岛自行车巡回赛。

美妙的环青海湖骑行

每逢夏季，环青海湖骑行线路都会迎来成群结队的骑行者。该线路路况一流，有很好的骑行环境。每年 7、8 月，青海湖畔有大片油菜花开放，美丽壮观。线路全程约 360 千米，骑行用时 3～6 天。

在旅游的过程中，我们要注意“不留下痕迹”，不给生态环境造成人为的破坏。近年来，随着生态环境的不断修复，越变越美的绿水青山为生态旅游的发展提供了重要资源。

想一想：外出旅游怎样能做到“不留下痕迹”呢？

践行生态旅游前要做好充足的准备，携带必要的行李，在旅途中尽量不使用一次性物品。请你说说下列物品中，哪些是必备的，为什么？

去横沙岛的"实战演练"

横沙岛是个令人向往的生态岛。去横沙岛有多种交通方式可以选择，如轮渡、公交车、大巴等。让我们进行一次"实战演练"，看看谁设计的出行路线更合理，选用的交通方式更低碳，绿色出行的准备更充分。

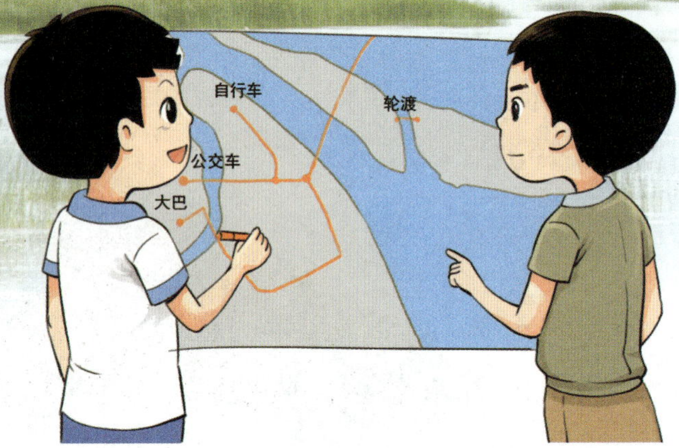

请你查找资料，设计去横沙岛的路线图，准备好出行要带的行李，并说出自己的设计意图。

选用的交通工具以及理由	
携带行李	□ 水杯
	□ 垃圾袋
	□ 洗漱用品
	□
	□
	□
出行时的注意事项	□ 不打搅路上的小动物
	□ 及时清理并带走垃圾
	□ 吃饭时避免浪费
	□
	□

为推动生态旅游的发展，旅游资源的开发管理也逐渐绿色化和低碳化，建设“零碳公园”成为时尚。位于上海市普陀区的李子公园，就是一座正在建设中的以“光伏发电、绿色建筑、植物减排”为特色的“零碳公园”。

“零能耗”是这座公园的独具匠心之处。公园在设计之初，就融入了绿色低碳的理念。公园里的建筑物屋顶、停车场上方都设置了光伏发电板，实现了用电量的“自给自足”。

种植的多种类植物在营造区域小气候的同时，吸收二氧化碳、释放氧气，充分发挥了绿色固碳的作用。

随着生态旅游观念的普及，徒步、骑行、采摘、写生、观鸟等亲近自然的旅游方式越来越受欢迎。期待你把自己亲近自然的照片和视频与大家分享噢！

郊游

观鸟

写生

亲子骑行

不满 12 周岁的学生只可以在内部专用骑行道上骑车，并且要有成人陪同噢！

三 绿色动力车

传统公交车

新能源公交车

你是否注意到越来越多的公交车已经换上了新“衣服”？为了更有效地节约能源、减少碳排放，科学家和工程师们正在积极研发新能源车以替代传统燃油车。

你知道现在的新能源汽车采用了哪些新能源作为动力来源吗？它们各有什么特点？

目前的新能源动力车中，电动车居多。电力可以从多种一次能源中获得，如化石能源、核能、水能、风能、太阳能、地热能等。利用晚间用电低谷时富余的电力充电也是电动车的一个亮点，这样可以使发电设备日夜都得到充分利用，有效提高经济效益。

请上网查找资料，说一说购买电动车的优点与使用中可能会遇到的问题。

氢能，被视为21世纪最具发展潜力的清洁能源。氢动力汽车是一种可以真正实现零排放的交通工具，因为氢和氧在燃料电池中经过化学反应生成的是水。因此，氢动力汽车被视作传统燃油汽车最理想的替代对象之一。

上海公交“拥抱”氢能源

2018年，首批氢燃料电池公交车在上海嘉定投入运营。从外形上看，氢燃料公交车与纯电动公交车相差无几，不同的是车辆后方“藏”有氢气瓶。据介绍，氢燃料公交车具有无污染、低噪声、高效率、高续航等特点。

自制太阳能小车

活动材料与工具

太阳能电池板、电机、电池、导线、小轮胎、木棍、雪糕棒、瓦楞纸等。

活动过程

（1）用小轮胎、雪糕棒、木棍和瓦楞纸等制作汽车模型。

（2）将太阳能电池板安装在汽车模型顶部。

（3）用导线连接电池、太阳能电池板和开关。

（4）调试电路直至正常运行。

要在老师或家人的指导下制作噢！

四 争当“零碳先锋”

让我们一起加入“零碳先锋”的队伍，为推广绿色生活方式贡献自己的一份力量！

请同学们设计一份以“绿色出行，你我同行”为主题的宣传海报，在学校或社区进行展示交流。

社区便民地图的制作

你知道自己居住的小区周围有哪些公共交通设施吗？让我们邀请三五好友组成一个团队，在实地调查的基础上，制作一份社区便民地图，把附近公交站、地铁站的位置准确标注在地图上。然后，在反复听取社区居民的意见后，认真修改定稿，并把它张贴到社区指定的公示栏里，为居民绿色出行提供方便。

	自我评价	同伴评价	教师评价
有创意	☆☆☆☆☆	☆☆☆☆☆	☆☆☆☆☆
善合作	☆☆☆☆☆	☆☆☆☆☆	☆☆☆☆☆
会动手	☆☆☆☆☆	☆☆☆☆☆	☆☆☆☆☆

注 "解决交通拥堵的创意方案""去横沙岛的'实战演练'""自制太阳能小车""社区便民地图的制作"等活动，是本单元学习评价的重要依据噢！

第6单元

与数字化“结缘”

人类已进入信息社会，与信息密切相关的是数字化。简单地说，数字化就是将许多复杂多变的信息转变成可以度量的数据，输入计算机系统，进行统一处理。数字化的发展，正在迅速带动人们的衣食住行和生活习惯发生改变。

一 助力低碳生活

今天，数字化不仅有效地提升了我们工作和学习的效率，而且为低碳生活和节能减排助力。

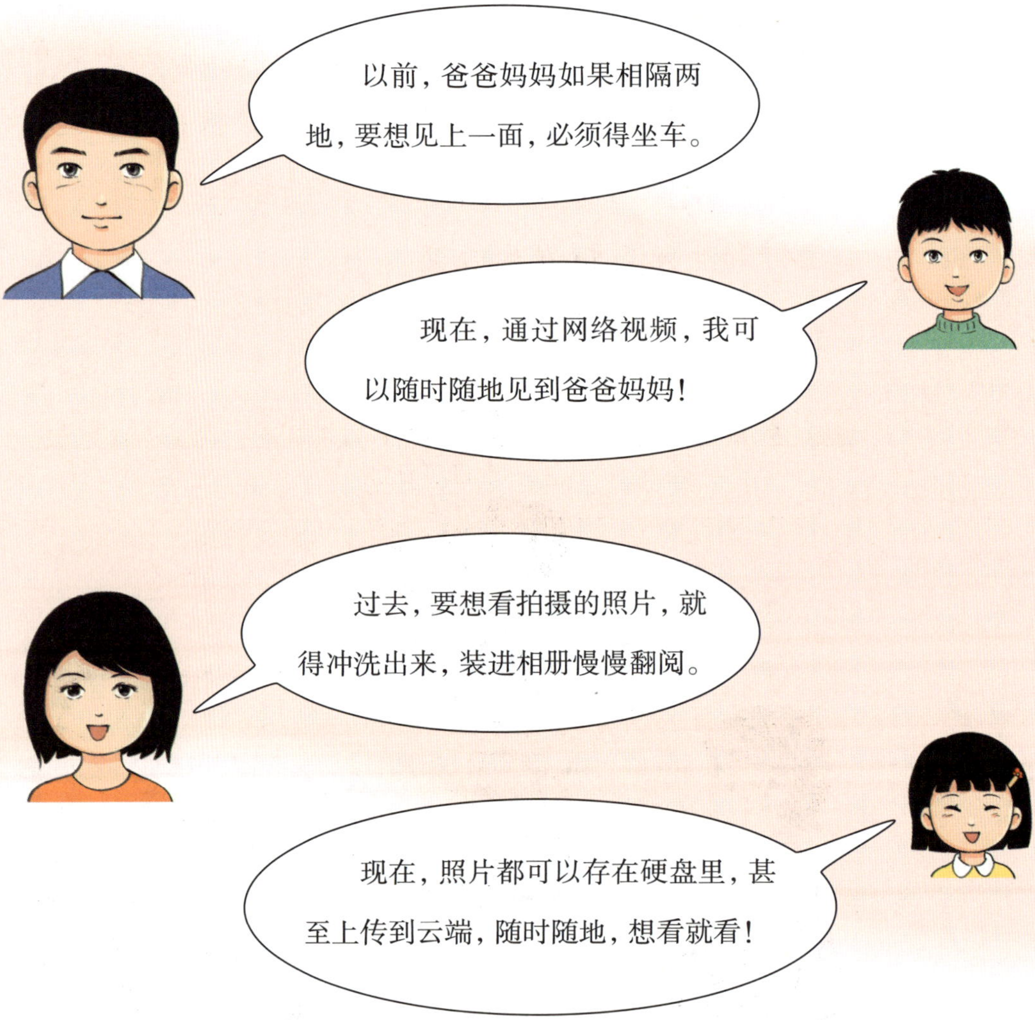

说一说：在以上场景中，数字化是如何帮助我们节能减排的？你还能想到其他类似的情况吗？

越来越多的数字化产品融入我们的生活，人们的很多生活习惯在数字化的影响下逐渐改变。

上课方式的变化	就医方式的变化	乘坐火车检票方式的变化
在专门的教室里一起上课	患者必须前往医院就诊	必须持纸质火车票，才能进站乘车
用电脑即可随时随地在线上课	互联网医院，通过视频问诊就医	无须取票，直接刷身份证即可进站乘车
未来：	未来：	未来：

请根据你的生活经验和想象，在上面图框里补充内容。说一说：在这些变化中，数字化起到了什么作用？

随着人工智能技术的发展，智能机器人的本领越来越大。它们“上天入地”，节能减排，帮助人类挑战未知领域。请你搜集资料，看看科学家在下列板块中，是如何利用人工智能技术节能减排的，将资料摘录或剪贴到相应的图框中。

上天

入地

探海

寻微

机器人的“烦恼”

今年春节，佳佳的爸爸给全家人送上的礼物，是一个身高和佳佳差不多的智能机器人。爸爸说：“这是我们家的新成员，名叫小智。”

小智很能干，会帮妈妈打扫卫生，会帮佳佳复习功课，还会提醒奶奶按时服药，很快就成为家里的小管家。但是，随着时间的推移，小智慢慢变懒了，工作上还出了不少差错。爸爸说：“小智好像‘失能’了。”你知道这是怎么回事吗？

机器人的“智能”，是人类赋予的，离不开数据、算法和算力。发达的信息技术背后，隐藏着海量计算和越来越大的数据存储，这需要消耗大量能源。

世界上最早的计算机

现在的数据中心

随着数字化的高速发展，未来信息通信行业的能源消耗必将更加快速地增长。为此，2021 年，以华为为代表的中国企业发布了“数字能源零碳网络解决方案”，全面助力运营商实现碳中和目标。

为智慧教室做“审计”

你去过学校里的智慧教室吗？所谓“智慧教室”，就是运用信息设备、各种感应器和网络实现课堂的便捷管理，并对教室内物品进行智慧化识别，是一种现代化、信息化的教学空间。

请你在信息技术教师的帮助下，对智慧教室做一次“审计”，看看教室里有哪些数字化设备，算一算它们消耗的能量：

设备耗能 = 设备的电功率 × 通电运行时间

设备名称	设备的电功率（瓦）	通电运行时间（秒）	设备耗能（焦耳）

然后，为教室里的数字化设备贴上“红绿灯”标签：

- 🔴 需要一直开着的电器；
- 🟡 可以被关掉的电器（但必须由教师操作）；
- 🟢 教师或学生都可以关掉的电器。

二 绿色的数字化设施

数据中心、通信基站和通信机房等是数字化过程中的重要设施。这些设施在控制环境温度、保护机柜等方面，都会消耗大量能源。据统计，2020 年全国数据中心耗电总量占当年全国总用电量的 1.5%～1.9%。

截至 2022 年，我国已先后创建三批共计 153 家国家绿色数据中心。在满负荷状态下，绿色数据中心每年能节省用电约 1000 万千瓦时。

想一想：绿色数据中心最大的特点是什么？

数据中心的生态重塑

数据中心是用电大户，为了取得最大化的能源效率和最小化的环境影响，可以对其进行“生态重塑”，主要方法包括应用高效节能产品、降低制冷设备的能耗、发展低碳技术等。

冷却是数据中心消耗能量的主要环节。为此，有人建议把数据中心设在海边，利用海水发电和冷却；有人提出把数据中心设在山洞里，因为洞穴内可以自然降温；也有人认为可以把数据中心设在极地，充分利用那里寒冷的气候和风能、水能。你觉得这些建议可行吗？

想一想：数据中心建在哪里更合适？

低碳基站

在智能手机十分普遍的今天，通信基站就像水和电一样重要。简单来说，基站的作用就是发出电磁波，又快又稳地把移动信号撒播到每一个角落，连接我们的手机和整个世界。与此同时，基站运行所需要的能源消耗也在逐渐增长。

2021年，中国移动在安徽省六安市启用了一座全新的绿色节能5G基站，创新采用了“太阳能光伏电源＋一体化能源柜”混合供电系统，实现了太阳能、交流电源、蓄电池三路供电保障，为基站提供安全稳定的电力供应。

恒温箱的小制作

对于数据中心、基站、机房等设施来说，控制环境温度是关键。怎样实现智能控温呢？让我们来做一个恒温箱吧。

温馨提示

（1）恒温箱主要有三大关键部分：温度传感器、制冷机、加热器。

（2）温度传感器用于实时检测箱内的温度，当箱内温度高于设定的最高温度时，启动制冷机；当箱内温度低于设定的最低温度时，启动加热器。

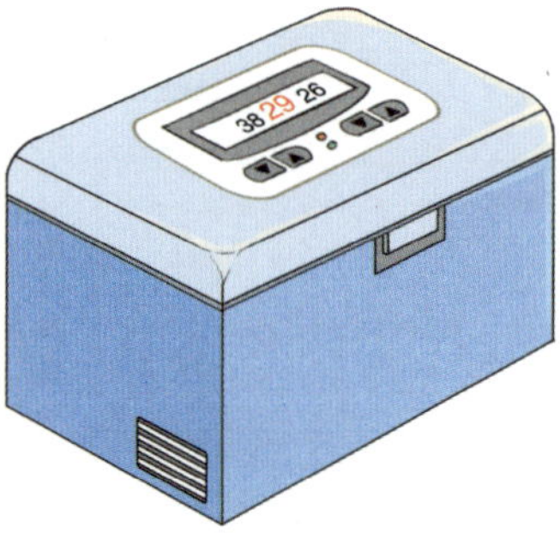

（3）建议小组合作，先做设计，再选购材料，最后完成实施。只要开动脑筋，我们一定行！

三 智能更需节能

我们正在步入数字化时代，电子产品越来越多地出现在人们的日常生活中。一方面，这有利于促进人们生活水平的提高；另一方面，我们也应该看到由此带来的大量电能消耗。

警惕“隐藏的浪费”

如果家用电器在没有运行使用时依然接通电源，那么由此带来的电能消耗被称为“待机能耗”。待机能耗是一种能源浪费，而且往往是一种不易被发现的“隐藏的浪费”。

以一部待机功率为 12W 的路由器为例，如果按每日待机时间 15 小时计算，那么一个路由器一天的待机能耗是 0.18 度电，积少成多，一年下来就要耗费 65.7 度电。

想一想：我们怎样才能避免这种“隐藏的浪费”？

智能家电

智能家电就是将微处理器、传感器技术、网络通信技术引入家电设备后形成的家电产品。它们能够自动感知住宅空间状态和家电自身状态，自动控制及接收用户在住宅内或远程的控制指令。

梦梦的智能新家

最近，梦梦搬新家了！

以前，梦梦家的电视机和机顶盒都只用遥控器关掉，空调、抽油烟机、洗衣机、电热水器等常用家电也都处于全年通电待机的状态。即便人不在家，也不会切断这些电器的电源。

搬了新家后，家里装上了智能家电。智能灯光系统可以通过手机远程遥控，可以自动感应并调节亮度，还可以和房间的其他智能设备联动。不在家时，梦梦通过手机就可以关闭电视机、热水器、路由器等家用电器的

智能灯光是如何实现低碳节能的？

电源，杜绝待机能耗造成的“隐藏的浪费”。

梦梦的新家还有一个小院子，爸爸告诉她，院子里装上了智能洒水系统。这个系统会智能化地分析院子里的植物和土壤条件，还会“听天气预报”。下雨时，雨水也不会被浪费！梦梦只要打开应用程序，随时随地在手机上一点，就可以为院子里的花草树木实施精确的灌溉。

勤俭节约，是中华民族的传统美德。在日常使用电子产品如手机、电脑、电视时，我们也应该养成节约用电的习惯。

手机省电攻略

现在，手机都向着大屏幕发展。屏幕越大，手机的耗电量就越快。于是，如何让手机省电越发受到人们的关注。你有哪些手机省电小妙招？

（1）及时清理后台运行的软件，以减少电量的额外消耗。

（2）根据周边环境的光线强弱，手动调节屏幕亮度（有的手机具有自动调节亮度的功能），光线暗亮度暗，光线强亮度强，让屏幕更省电。

（3）关闭应用推送通知，减少不必要的耗电。

（4）选择一款靠谱的省电辅助软件。

（5）________________________________

你认为谁说的有道理？

我的“低碳数字化社区”

上海正在积极探究如何以数字化手段，让城市变得更聪明、更智慧、更有温度，让市民的生活更美好。让我们也来创建一个自己心目中的“低碳数字化社区”模型吧！

所需材料

光敏传感器、太阳能电池板、木板、泡沫板、电路板、小风扇等。

设计理念

- □ 使用太阳能发电　　□ ____________
- □ 设计绿化带　　□ ____________
- □ 路灯加装光敏传感器　　□ ____________

成品展示

学生作品

	自我评价	同伴评价	教师评价
有创意	☆☆☆☆☆	☆☆☆☆☆	☆☆☆☆☆
善合作	☆☆☆☆☆	☆☆☆☆☆	☆☆☆☆☆
会动手	☆☆☆☆☆	☆☆☆☆☆	☆☆☆☆☆

注 “为智慧教室做‘审计’”“恒温箱的小制作”“我的‘低碳数字化社区’”等活动，是本单元学习评价的重要依据噢！

后　记

“生态文明教育课程建设探索系列”根据中共中央、国务院《关于加快推进生态文明建设的意见》，教育部《绿色低碳发展国民教育体系建设实施方案》等有关精神，进一步落实上海市委、市政府《关于加快推进上海市生态文明建设实施方案》《关于加快构建现代环境治理体系的实施意见》的要求而编写。整套系列图书共四册，即《生态小天使》《生态小卫士》《生态志愿者》和《生态探索者》，分别供小学低年级、小学高年级、初中和高中开设生态文明教育和绿色低碳课程时选用。

本套图书全面贯彻党的二十大精神和新发展理念，凸显“立德树人”根本任务，把牢固树立青少年社会主义生态文明观放在首位，旨在培养胸怀绿色低碳理念、适应绿色低碳社会、引领绿色低碳发展的新一代青少年。本套图书聚焦青少年核心素养的培养，强调学以致用，充分兼顾校内外教育资源的开发和利用，努力营建线上与线下相结合的支撑系统，提供各种供学生体验和实践的场景，把生态文明教育扎扎实实、真真切切地落到实处。

在编写过程中，我们得到上海市教育委员会、上海市生态环境局、上海教育出版社、上海市学校后勤协会、中国福利会少年宫以及华东师范大学等单位和众多专家的大力支持，在此表示衷心感谢，同时感谢各分册主编和编写人员的辛勤付出。上海飞果信息技术有限公司谢晶、陈向辉为本书绘制插图，图虫创意、视觉中国网站和学校等提供了部分照片，在此也表示诚挚的谢意。

欢迎广大读者来电来函为本套系列图书的改进和完善提出宝贵意见。

“生态文明教育课程建设探索系列”编委会

2023 年 5 月

SHENGTAI XIAO WEISHI

策划编辑　张志筠
责任编辑　李宜璇　李秋彦
封面设计　周　吉

上海教育出版社
官方微信平台

官方网站：
www.seph.com.cn

ISBN 978-7-5720-2003-2

易文网：www.ewen.co
定　价：　48.00元